JN440204

햇살이 피워 낸 꽃길

햇살이 피워 낸 꽃길

초판 발행 | 2017년 2월 28일

저 자 | 양정훈
펴 낸 이 | 차영미
편 집 | 디자인그룹 여우비
펴 낸 곳 | 서정문학
주 소 | 서울시 강동구 천중로30길 5-11, 203호
전 화 | 02)720-3266 FAX | 02)720-3266
홈페이지 | http://cafe.daum.net/seojungmunhak.com
이 메 일 | sjmh11@hanmail.net
등 록 | 2008. 3. 10 제324-2014-000060호

ISBN 978-89-94807-55-3 03810
정가 10,000원

국립중앙도서관 출판예정도서목록(CIP)

햇살이 피워 낸 꽃길 : 양정훈 시집 / 저자: 양정훈. — 서울 : 서정문학, 2017
p. ; cm. — (서정문학대표시선 ; 38)

ISBN 978-89-94807-55-3 03810 : ₩10000

한국 현대시[韓國現代詩]

811.7-KDC6
895.715-DDC23 CIP2017003417

서정문학대표시선 · 38

햇살이 피워 낸 꽃길

양정훈 시집

서정문학

시인의 말

내 자신 속에 담겨 있는
생각과 느낌들이
시집으로 잉태하여
세상 밖으로 여행을
떠나고자 하는 열망이

벌거벗은
부끄러운 글들이지만
누군가와 함께
공감대를 형성하고
감성들을 나눌 수 있으면
좋겠다는 생각이 들었기에

작은 용기를 내어
햇살이 피워 낸 꽃길을
출간합니다.

출간에 아낌없이
사랑을 보내주신
이훈식 선생님께
깊은 감사를 드립니다.

| CONTENTS |

제2부

제3부

제1부

별꽃

곪아 터진 상처
얼마나
썩히고 묵혀내야
거름으로 되어서

가슴 저려오는
아픔을
사랑의 꽃으로
피워 낼 수 있을까

상처 남은 자리에
못 자국 같은
하얀 별꽃 하나
살포시 피어난다.

사랑의 시간

그대와
함께 있는 시간은
탄지경*

그대와
헤어져 있는 시간은
억겁**

사랑의 시간은
마음에 고무줄

---

* 탄지경 : 손가락을 튕길 동안의 아주 짧은 시간
** 억겁 : 무한하게 오랜 시간

나리꽃

햇살 뜨거운
산 비탈진 언덕에
주황색 고운 자태
앳된 왈가닥 주근깨 소녀

그리움에 길어진
사슴 목 내밀고
바람에 한들거리며
누굴 기다리시나

하루 하루 그리움에
검은 반점 늘어가고
아리따운 고운 얼굴
주근깨로 범벅이 되어도

그리운 사람과
풋풋한 사랑 이루고 싶어
넋 놓아 님 기다리는
순박한 소녀 나리꽃

희망

혹한에도 한줌
햇살로 피우는 꽃처럼
시련과 고난은
희망의 지름길

삶의 숭고함은
끈질긴 목숨 하나로
모든 걸 견뎌내는 것

바람 불지 않는 세상 없듯이
눈물 없는 고개 없듯이

어금니 깨물고
하늘만 바라보는
믿음 하나

이별의 아픔

누가 내 안에서
울고 있는가

떠나간 그대인가
떠나보낸 내 마음인가

이별의 아물지 않은 상처에
술잔은 허공을 가르고

눈동자에 맺힌 그대 모습
안개 속에 아른거리다가
이슬방울 되어 떨어진다

마주앉아 장난스럽던 찻집
다정히 거닐었던 숲 속 낙엽 길
부딪치는 파도에 소리 지르던 바닷가

아직도 기억 속에 맴돌며

살아 숨 쉬는데
그대는 슬픈 모습으로
어디론가 떠나가고

내 안에서
나와 함께 울고 있다

아지랑이

저 멀리서
가물거리며
어서 오라는 손짓

설레는
발걸음으로 다가가면
어디론가 사라져 버린
흔적 없는 모습

유혹인가
환영인가

가까이 가면 멀어지고
멀어지면 가까워지는
얄미운 사랑

가물거리는 바람 같아서
곁에 붙잡아 둘 수 없는

그림자 같아서
애만 태우는
봄날의 그리움

백일홍

오래된 전설의 이야기를
불태우려는 듯
타오르는 붉은 꽃잎

잃었던 머나먼 옛 고향의
향수를 일깨워 주려는
은은한 향기

윤회라는
인연의 연결고리가
백일홍 꽃에 담겨 있다

언젠가
다시 하늘로 돌아가는
무덤가에서

해마다 붉은 웃음으로
날 반겨 주겠지

꽃과 나비

나비 한 마리

허공을 팔랑거리다가

꽃 향기 유혹에
꽃으로 내려 앉았다

달콤한 사랑도 한 순간

바람 불어 흔들리는 꽃

나비 팔랑이며
허공으로 날아가 버렸다

꽃 같은 여인

나비 같은 사내

찻잔에 비춰진 내 모습

차 한 잔에
담겨 있는 여유로움
나를 바라보게 하네

무심히
바라다 보니

찻잔 속에 비춰진
부끄러운 내 모습

드러날까 두려워
찻잔을 비워 버렸네

얼마나 깨끗하게 닦아내야
부끄럼 없는 나와 마주앉아

차 한 잔을 나누며
하늘을 이야기 할까

하늘은 내 스스로
알고 있다고 말이 없네

쪽빛 달개비

그리움으로
가슴속에 생겨난
파란 멍울

나비 닮은
쪽빛 꽃으로
피어올라

사랑 찾아서

파란 하늘로 날아갈까
푸른 바다로 날아갈까

님 찾다
너른 들판에 주저앉은
시린 마음

쪽빛

달개비 꽃으로
피었다

너

샘물처럼
솟아나는 그리움

끌어안고
이부자리 들어가면

애틋한 꿈을 꾸겠지

나에게 너는

밤과 낮 없이
보고 싶은 사람

진달래

봄의 숨결에
가녀린 여인네의
수줍은 연분홍 미소

바람에 장단 맞춘
분홍치마 춤사위에

서글픈 전설의 두견새도
시름을 놓는다

이별의 아쉬움에
꺾여 놓인 진달래

즈려밟고 가는 사랑에
몸을 바쳐 붙잡는
승화된 사랑의 꽃

하늘과 바다가 있는 사랑

그대와 나누었던 사랑
하늘에 뿌려 놓으니
밤하늘 반짝이는 별이 되고

그대 향한 그리움들
바다에 띄워 놓으니
은빛 파도가 되어 너울거린다

어디론가
훌쩍 떠나버린 그대
슬픔이 되었지만

긴 한숨의 여운에
바라다 보는 하늘에는
그대 사랑이 반짝이고

붉은 눈시울로
바라다 보는 바닷가에는

그대 그리움들 밀려온다

내 마음속 빈 공간에
그대를 사랑하고 그리워하는
하늘이 있고 바다가 있다

능소화

님이여
언제나 오시나요
긴 기다림에 쓰러져
능소화로 환생한 그리움

혹여 오시는 소리 들릴까
붉은 꽃잎 활짝 피우고

오시는 모습 보일까
담장 너머 저 멀리 초록 숲길
하염없이 바라봅니다

그리움이 커갈수록
나무 휘감아 오르고

서러움이 커갈수록
피멍들은 꽃잎들은
눈물처럼 뚝뚝뚝 떨어집니다

담장 아래 떨어져 늘어진 꽃잎
님을 향한 서글픈 사랑입니다

찻집의 추억

봄비가 촉촉하게
내리는 날

비에 젖어
싱그러움 덧칠하는

수국이 바라다 보이는
커피향 익어가는 찻집

창가에
우두커니 앉아

그대에게로
여행을 떠난다

빗방울 굵어지고
진하게 느껴지는 향기로움

찻잔에 옛 추억을
담아 마시면

그대와 나는
하나가 되어간다

우리는 하나

그대에게 보내는
사랑의 마음

그대는
행복 꽃을 피우고

나에게 돌아와
웃음 꽃을 피웁니다

그대와 내가
서로
다르지 않는 것은

우리는
하나의 근원에서
떨어진 별들로

이 땅에

꽃으로 피우는 사랑
우주의 비밀입니다

새가 되어

하늘을 울리는 천둥소리는
잠들어 있는 의식을 깨워
스스로 묶어 놓은 속박에서
벗어나라 하고

내려치는 번개의 빛은
영혼의 틀에 갇혀있는
쇠사슬을 끊고
빛의 날개가 되어

태양이 이글거리는 하늘
삶과 죽음의 시공간까지
치솟아 오르라 한다

삶의 굴레에서 번뇌하는 이여
하늘 끝 어디엔가에 있을
그대 꿈꾸는 세상
한 마리 자유로운 새가 되어

훨훨 날아가라

구름 너머 저 하늘에서
존재의 깨달음 이룰 수 있도록
자유롭게 훨훨 날아가거라

통곡

막막해서
울었습니다

가슴 뻥
뚫릴 때까지
한없이 울었습니다

회한과 질곡이
뒤섞인 눈물

하늘이 내려앉고
땅이 꺼지도록
토해낸 설움

이 세상에
나 혼자였습니다

회상

수평선 위
붉게 물들어 가는 노을은
누구의 눈시울인가

주인 없는 조각배
돛대 끝 갈매기의
애절한 울음소리는
누구의 울부짖음인가

젊은 날 방랑의
세월을 보내고 회한에 쌓인
나그네의 슬픈 모습과
통곡의 소리는 아니었을까

바다가 내려다 보이는 언덕
노을과 갈매기 바라보며
살아온 세월 뒤돌아 보고
긴 회상에 잠긴다

봄

홍매화로 입술
붉게 찍고

엉덩이 실룩거리듯
살랑대는 바람을 타고
오고 있다

심술궂은 매서운
꽃샘추위에도

철없는 아이 마냥
아장아장 피어나는
새싹들의 웃음

아가씨들의
젖가슴처럼
부풀어 오른 꽃망울들

햇볕 유혹에
어쩔 줄 모른다

관점

당신을
바라보았습니다

앞에서
옆에서
뒤에서

어느 방향에서도
멋진 당신입니다

당신을
바라보았습니다

앞에서
옆에서
뒤에서

어느 방향에서도
미운 당신입니다

낙엽은 쌓이고

그대 떠나간
초록 숲길
붉은 단풍으로
곱게 물들었네

새싹같이
피어오르던 사랑
그리움 되어
낙엽으로 쌓이고

가슴 속
깊은 한숨은
바람이 되어
휘몰아치네

떠나가던 그대
뒷모습 멀어질 때

눈가에
흐르던 물줄기에
이별의 배를 띄워
떠나 보내고

한동안 멍한 가슴
감싸 안고 주저앉은
이 숲길에

낙엽은 떨어져
핏빛 그리움 쌓였네

마음 내려놓기

나를 옭아매며
움켜쥐고 있는
마음을 내려놓고

내 안에 나를
바라볼 수 있는
여유를 가진다면

가슴에 끓어 오르는
애증의 강을
건널 수 있겠지

오고감에
걸림이 없는
자유라 함은

나를 화두로 깔고 앉아
관절마다 배인 울음을
가슴 터져라 울어 보는 것

그대 빈 자리

그대 떠난 후
마음 텅 빈 곳에

함께 나누었던
추억의 씨앗들이

잡초처럼
무성하게 자라고

들꽃처럼
어여쁘게 꽃을 피워

그대의 그리움
메우고 있다

친구야

친구야!
오선지 위에
즐거운 음표로
하루를 그리자

피곤함과 지친 몸
높고 낮은 음률로
꼬리표를 달면

응어리진 가슴에도
날개가 돋고
세상이 다
내 것이 될 것이다

친구야!
하얀 도화지 위에
오색 물감을 뿌려보자

아름다운 꿈들이
점들로 이어져 물들면

희망의 빛줄기가
열린 창문마다
무지개로 뜨리라

달

은하수 펼쳐진
까만 밤하늘

만월을 몰래 따다가
금 목걸이 만들어
임의 목에 걸어 두리라

보름마다
상현과 하현의
변화 속에서도

님을 향한 마음은 항상
충만한 만월이어라

한 줄기 달빛에도
꽃을 피우는
달맞이 꽃처럼

밤마다
임 가슴에 뜨고 지는
달이 되리라

마음

채울 수 없는
밑 빠진 독

채워지지 않는
계영배*

* 계영배 : 술이 일정한 한도에 차오르면 새어나가도록 만든 잔

제2부

부부 1

수 억겁의
전생에 인연들이
쌓이고 모여서

이승에서
사랑을 싹 틔우고
부부라는 인연을 맺어

한 울타리 안에서
티격태격
싸우면서 살아도

서로가 등 기대며
따뜻하게 감싸주고

서로의 삶에
보람을 찾을 수 있도록

함께 길을 떠나가는
인생의 동반자

부부 2

전생에
맺지 못한 사랑
이승에서 인연되어

우연도 필연인양
부부라는 이름으로
만난 한 몸

서로가 등 기대며
살다가도 남남처럼
낯설 때도 있지만

굽이굽이
함께 걸어 온 길마다
포개진 발자국

너와 내가 아닌
둘이 하나라는
하늘이 준 또 다른 나

아내

당신은 나에

표정
몸짓

내 모든 것을

되돌려 비춰주고
나타내는 요술 거울

자화상입니다

고뇌

마음 편안히 살 수
있는 곳은 어디일까
염라대왕도
근심 없는 곳에서
살고 싶다고 한 곳

행복한 나라
천국은 어디에 있을까
울음조차 웃음이 되고
어둠마저도 빛이 되는 곳
그런 곳에서 살고 싶다

인연으로 맺어진
오늘의 관계 속에서

기쁨보다는 슬픔이
사랑보다는 미움이
감사보다는 원망이

더 커져가는 세상

무거운 고뇌의 짐을
훌훌 털어버리고 나면
보이지 않던 길이 보일까

죽어야만 벗어날 수 있는
질곡의 아픔
이 가난한 영혼은
오늘도 두 손 높이 들고
무릎을 꿇습니다

웃는 얼굴

머나 먼
고향별 떠나와
울면서 태어난
고난의 세상

고달픈 삶에
하나 둘씩
늘어가는 주름살들

지치고 힘들어도
본향을 생각하며
미소를 잃지 말고 살자

다시 돌아가는 날
그래도
이승에서의 삶이
행복하였노라고

웃음 띤 얼굴로
돌아갈 수 있도록

삶의 수레바퀴

우주만한
돌덩이 하나
텅 빈 가슴 속에
얹혀 있다

고뇌와 슬픔 먹으며
지금껏 자라난 업보

이리 굴리고
저리 굴려도
태산 같은 무게

전생의 빚이
이렇게 모질도록
울음으로 자리 잡은
생애

윤회의 수레바퀴

한 가운데서
눈물범벅 흘려가며
나를 씻어내고 있다

기다림

밤의 어두움에
진한 커피 한잔 마시며
바라보는 창 밖

바람에 흔들리는
무성한 나뭇잎이
너풀거리며 다가오는
그대 모습 같아

맨발로 뛰어
마중을 나간 그곳에는
긴 여운만 맴돌고

그대의 환영은
어두움 속으로
사라져갔다

밤마다

열린 창문에
별로 뜨는
그리운 사람아

새벽 닭 울음소리
그대 오시는
발걸음 소리되어
긴 기다림에
기쁨이 되어 다오

자비와 사랑

목공이 통나무로
불상을 만들었어요
부처님 모습 된 통나무
중생들에게 숭배되고

석공이 돌덩이로
예수상을 만들었어요
예수님 모습 된 돌덩이
어린 양들에게
숭배되고 있어요

부처님도 예수님도
절대로 원하지 않았을
우상이 되어 버린 안타까움

사람들의 마음속에는
부처님의 자비와
예수님의 사랑이 깃들어 있어

정성을 다해
가난한 영혼들에게
마음을 베푼다면

부처님과 예수님이
살아 계시는 세상
낙원이 따로 없겠지요

긍정과 부정

지향하는
빛과 그늘에 따라
양지식물과 음지식물로
살아가는 것처럼

긍정과 부정의 삶은
두 갈래 방향의 길목에서
선택한 마음

긍정은 열림의 세계이고
부정은 닫힘의 세계이다

행복과 불행은
바라보는 시각과
선택의 방향에 따라

하늘과 땅 차이
천국과 지옥

비

온종일
비가 내린다

가슴에
방울방울 맺혀있는
옛 추억들이 떨어지면

먼 손짓 속에
남아 있는 모습이
강물처럼 출렁인다

하늘이 젖고
땅이 젖는 시간
바람도 길을
잃었다

유리벽에 갇힌 새

날개 꺾인 새 한 마리
유리벽에 갇혀있다

세상 밖을 향해서
날개 퍼덕이는데
보이지 않는 벽 속에서
몸부림치는 가여운 새

새야
영원한 자유를 찾아
저 하늘로 날아가려면

피투성이가 되어
죽어도 좋을 각오로
벽을 깨뜨리고
소망의 날갯짓으로

하늘 찢어지도록

땅이 갈라지도록
훨훨 날아서 떠나 가거라

굴레에 묶여 있는 삶도
너와 함께 날아 가고파
하늘 향해 습관처럼
비상의 날겟짓을 한다

소망

비가 내리는 날
싱그러운 초록이
보이는 창가에

작은 등불 하나
켜 놓고
두 손을 모은다

메마른 가슴에
사랑의 생명수 뿌려
환한 웃음꽃 피우고

찢겨진 마음에
행복의 불씨를 살려
아픈 상처가
아물 수 있게 해달라고

비는 대지를 적시고

등불은
어둠에 빛이 되는데

간절한
소망의 바램도
이루어지겠지

야간근무

눈꺼풀 위에
얹혀 있는 밤의 무게
감겨오는 두 눈
부릅뜨려 버텨보지만

어느 순간
벼랑으로
뚝
떨어지는 고개에
화들짝 놀라 눈을 뜬다

천근같은 몸에
멍한 눈동자
온 몸의 뼈마디가
주저앉는다.

기지개 쭉 펴고서
내 뱉는 긴 한숨과

쓰디 쓴 커피 한잔으로
달래보는 밤

온 세상이 다 하얗다

고향 별

은하수
강물 흐르는
밤하늘

하얀 운무 내뿜는
커다란 용 사는 곳이
내가 살던 고향 별

점점이 박힌 별빛에
그리움이 나래를 펴고
밤 마실 나간다

어머니 품속에서
새근거리던
포근하고 정겹던
별 빛 하나

어둠을 뚫고

떨어져
가슴에 안긴다

그대 떠난 후

설운 님
떠나가고
둘 곳 없는 마음

언덕 위에
해바라기가
되었습니다

늘 떠오르는
태양처럼
다시 볼 수 있을까

날마다
한 뼘씩 자라는
그대 보고픔

태양은 중천인데
그대 모습은

보이지 않습니다

타버린 마음이
까만 씨앗으로
붙박인 가슴

목만 잔뜩 길어진
그리움입니다

그대 모습

노을빛 물들어 가는
구름 같은 그대 모습
부둥켜 안을 수 없어
그리움 커져가고

달빛 물들어 가는
바람 같은 그대 모습
붙잡아 둘 수가 없어
외로움 커져 간다

언제쯤에나
웃음짓는 얼굴로
다정하게 마주보며
애틋한 사랑의 이야기
꽃피울 수가 있을까

그리움은 노을 따라
외로움은 달빛 따라

곱게 물들어 가는데

두 눈을 꼭 감아야
부둥켜 안고
붙잡아 둘 수 있는
그리운 그대 모습

삶의 의미

도를 이루는
비밀의 열쇠는
단전을 깨우는
호흡 속에 있어요

들숨과 날숨 사이
정갈한 마음으로
사유를 삭히다 보면
고요 속에 열리는
근본의 세상

가까이 있어도 멀고
멀리 있어도 가깝게 있는
근본의 자리는

생과 사를 뒤로하고
가부좌로 틀고 있는
멈출 수 없는 숨결

도를 이루는 것이
주어진 삶의
소명과 의미입니다

자아상

정과 망치로
돌을 깎고 다듬어
아름다운 조각품
만들어 가듯

나의 삶도
피와 땀방울로
깎고 다듬어서
조각을 하련다

살점 떨어져 나가고
뼈마디마다
절규가 새겨지는
고통에도

두 눈을 감고
천리를 보는 혜안과
팔만사천 번뇌에서

해탈하는 자아상으로

오늘도
나를 쪼개어 간다

가슴앓이

툭하면
내뱉는 긴 한숨

툭하면
바라보는 먼 하늘

툭하면
흘러내린 눈물방울

아직도
지워지지 않는

그대 향한
지독한 그리운 사랑

백팔번뇌

고요한 마음속
어디선가 날아온
나뭇잎 하나
파문을 일으켜

한 순간에
요동치는 갈대처럼
무아의 세계를
흔들어 놓는다

마음이란 본디
내 것이 없다 하였거늘
가부좌 틀고 앉은 자리가
유혹의 불바다이다

미혹의 번뇌망상
심장을 도려내고
백팔번뇌에서 벗어나
해탈의 깨달음을 얻자

당신과 나

당신과 나는
서로 각각의
세상을 갖지만

조물주에서
파생되어 온 우리는
하나의 존재입니다

하나이면서 둘이고
둘이면서도 하나인
신비로운 우주의 공동체

근원의 하늘에서
존재의 인식과
가치를 깨닫기 위해

지구 별에
수행을 떠난 온

조물주의 일부분으로

호흡의 숨결이
하늘의 문을 여는
비밀 열쇠이여

본향으로
돌아갈 수 있는
기틀입니다

여유

앞만 보고
정신없이 달리던 길을
우뚝 멈추어 서서
한숨 돌리며
여유로움을 찾으니

숲 속 푸른 나무
싱그러운 풀꽃향기
새들의 노랫소리
파란 하늘과 흰구름들

무심코 지나쳐 왔던
풍경들이 아름답게
가슴에 와 닿습니다

앞으로만 내달린 삶에서
한 발자국만 뒤로 물러나
세상을 바라보면

이렇게 느낌은 달라지는데

조급한 마음이
삶을
시계추 위에 얹혀놓고
살도록 하였나 봅니다

마음을 내려놓는
한숨의 여유가
자신의 삶과
세상을 바꾸어 줍니다

별똥별

밤새
가슴 앓던
그리움

불꽃으로
타오르며
그대에게
뚝
떨어진다

그대
마음에도
그리움 하나
쑥
심어 놨다

삶의 여정

하얀 포말을 만들며
파도를
헤쳐 나가는 배

지나가는 자리
자취 없이 사라짐은

모든 것을
비워야 한다는

마음조차도
욕심이라고 한다

내가 살다 가야 할
그 길
흔적도 없을 인생

바다 한 가운데
나를 버리고 왔다

밤비

밤비가
온 밤을 적시며
흐느끼고 있다

그리움만 남겨두고
쓸쓸히 떠나버린

그대와 닮은 수국이
비에 젖어 애처롭다

벽에 등 기대고
바라보는 창 밖

그대의 여운 쌓인
애틋한 그리움이

초점 없이 흔들리는
눈동자에 가득 고여
밤비가 되어 내린다

제3부

희망의 나라로

희망의 나라로 떠나가자
거친 비바람
삼킬 듯한 거센 파도가
휘몰아치겠지만

고난과 역경을 노로 삼고
죽음으로 돛대를 세우며
앞으로 전진해 가리라

그곳의 삶은
동심이 펼쳐지는 곳

동화 속 같은 이야기
나래를 펴서 마음껏 웃음 짓고
사랑이 살아 숨 쉬는
아름답고 평화로운 세상

떠나자

마음의 번민 털어내고
어깨 위로 내려 앉은
삶의 무게 벗어 던지고

억압된 세상에서 벗어나
아픔과 눈물이 없는 곳
희망의 나라로

그리움의 바다

그리움이 되어
흘러내린 눈물

흘
러

흘
러

바다가 되었다

섬

사람의 물결
밀려왔다 밀려가는
회색 빛 도시

고독이 머무는
네온사인 반짝이는
번잡한 거리에

오욕칠정의
바다로 둘러싸인
우뚝 솟은 섬 하나

그 섬에는
한 줌
햇살이 되고픈

외로운
나그네가 살고 있다

희망의 공간

그대 마음이 너무 멀어
별똥별에 실어 보낸 사연
아직 전해지지 않았나 보오

사람의
마음이라는 것이
블랙홀 같아

작은 크기에도
그 끝을 알 수가 없으며
하루에도 수만 번
파도가 치는 가슴

온갖 노력에도
그대 마음
채울 수 없는 서러움에
절뚝거리는 날들입니다

온전하게 그대 마음
다 채우려 하지 말고
희망이라는 빈 공간으로
남겨두는 것은 어떠하오

어쩌면 그것이
삶의 여유가 되고
행복으로 채워질 수 있는
공간이 될 수 있다오

하늘로 가는 길

언젠가
돌아가야 할 곳
욕망도 명예도 권력도
필요 없는 곳

삶이란
한순간의 찰라
결국에는 흔적도 없이
공으로 사라져 가는
여정

호주머니 없는 수의에
두 손을 펴고
두 눈 감아야 하는 길

발가벗은 그대로
부끄럼 없이 살다가는
발걸음이 되도록 살자

허상

마음이 아프다고
울고 또 울었습니다

하염없이 흐르는
눈물을 멈추고

아픔의 주체를 찾으러
마음 깊은 곳으로
들어가 보았습니다

심수心髓로 들어 갈수록
아픔의 실체는
엷어져 크지 않는데

근심 많은 생각이
마음을 차지하고서

아픔으로 위장하는
엄살이었습니다

가을 앓이

추억들이 깃든
정겨운 숲으로
옛 자취의 향수에
발길 이끌려 왔다

가슴에 묻혀 있는
진한 그리움으로
또 다시 시작된 가슴앓이

이별의 아픔이
무늬 진 낙엽 되어
추억으로 쌓인 이 숲길에

긴 그림자 하나
바람에 나부끼는
낙엽이 되어
숲속을 서성거린다

구름처럼

하늘을 자유롭게
떠돌아 다니는
구름

운명이라는
고삐 없이
바람이 부는 대로

거침없이
자유스러운
분방奔放

질곡의 삶
운명의 멍에
벗어놓고

바람따라 떠도는
한조각
구름이고 싶다

신명나는 세상살이

달빛 청량한 밤
금빛 물결 반짝이는
호수에서
달빛 별빛을 낚아

달빛은
마당 기둥에
걸어놓고

별빛은
천정 대들보에
심어놓고

구름은 지붕 위에
풍선처럼
둥둥 띄워 놓고

힘겨운 삶에

시름 앓는
사람들 불러 모아

요술방망이 휘두르며
떠들석하게 노닥이는
도깨비들 같이

흥에 겨워
노래하고 춤을 추고
신명나게 놀아 보자

금 나와라 뚝딱
은 나와라 뚝딱

온 세상이 다 우리 것이다

거미줄

거미
꽁무니에서

끊임없이
뽑아져 나오는

비단결 질긴
그리움들로

그물망
덫을 만들었다

그대는
걸려들지 않고

초라한
내마음만

멍울이 되어
걸려있다

자유

불꽃같은 열정도
미련 없이
내려놓을 때

붙잡고 매달리는
목숨마저
헌 옷 버리듯
버릴 수 있을 때

희로애락
질곡진 삶의
무상함 속에서

달관에
깨달음을 얻은 뒤
비로소 찾는
인생의 여유

낙엽

형형색색 단풍잎
나뭇가지에 매달린
가을이 하나 둘
떨어져 간다

푸르던 봄날의 꿈도
초록빛 여름 이야기도
쌀쌀한 한 줌 바람에
부르는 낙엽의 노래

이 거리 저 거리를
떠돌며 뒹굴다가
지쳐 누운 사연들이
가을 하늘 구름 되어
멀어져 간다

눈 발자국

밤새
소복이 쌓인
하얀 눈

그대 머무는 곳으로
그리움 따라서
눈 발자국 찍는다

행여나
사모하는 마음
전해 받거든

발자국들
지워지기 전에
나에게 돌아오라

그대와 함께
하얗게 눈 덮인

세상 위에서

가슴과 가슴이
맞닿은 사랑의
눈 자취 남기고 싶다

선운사 꽃무릇

고창 선운사
붉게 핀 꽃무릇은

불경과 목탁소리
법고와 목어 소리 듣고

불심으로 싹을 틔워
자비의
꽃대궁 세우고

두손 합장하는
중생들의
염원 담아 피워 낸

타오르는
불꽃들이었다

꽃무릇에 머물던

한나절은

극락정토가 되었다

첫눈이 오기 전에

가을 달 휘영청
풀섶 풀벌레들
사랑을 노래하는데

그리운 님
보이지 않고
외로움만 커져가네

님 기다리는 마음
장승되어
달빛 아래 서 있고

쓸쓸한 소슬바람
휘어감고 지나가네

첫 눈이 오기 전에
달빛자락 내려오는
누각에 마주앉아

달이 기울도록
이야기 꽃 피우며
차 한 잔 마시고 싶네

공수래 공수거

빈손으로 와서
움켜쥐고
살아온 세월에

마음 가득
채워있는
욕망의 소유물들

이제는
돌아가야 할
준비를 하면서

하나 둘 비워가는
무소유의 삶으로
살아 가야지

버리는 만큼
가벼워지는 발걸음

비우는 만큼
자유스러운 삶의 무게

억새풀 어머니

민둥산 산등성이
세찬 바람에
하얀 물결 너울거리 듯
춤을 추는 억새풀은

시련을 피할 곳 없는
척박한 삶의 굴레에서
눈물 젖은 옷고름 날리던
어머니의 서글픈 춤사위

바람에 흐느적거리며
서걱대는 억새소리는
모진 세상에 시름 앓는
어머니의 무거운 한숨

하얀 꽃잎들
상여 꽃으로 흩날릴 때
비로소 고단한 멍에
벗을 수 있는 슬픈 운명

고추잠자리

그대를 향한 사랑
서러운 몸짓에
빨갛게 물들어진
고추잠자리

그대 마음 얻고 싶어
가을 하늘 맴돌며
시선 끌어 유혹하지만
무심한 그대는 허수아비

이루어질 수 없는 사랑
서러워 서러워
가녀린 나래 펴고
빈 하늘 돌고 도는 춤사위

저 만치 달아나는
가을 하늘에
바람 한 점 같은
나는 고추잠자리

한글

ㄱㄴㄷㄹㅁㅂㅅ

ㅇㅈㅊㅋㅍㅌㅎ

자음에는
오묘한 발성기관에
시작과 끝이 있고

ㅏ ㅑ ㅓ ㅕ ㅗ

ㅛ ㅜ ㅠ ㅡ ㅣ

모음에는
하늘과 땅과 사람의
상징이 담겨 있습니다

자음과 모음을
조화시켜 놓으면
낱말이 만들어지고

낱말들 엮고
꿰매어 놓으면
아름다운 글이 되고
시가 됩니다

그리운 사람을 위해
자음과 모음이
춤추도록
조화시켜 보세요

ㅅ ㅏ ㄹ ㅏ ㅇ ㅎ ㅐ

그리움

눈동자에 맺혀있는
눈물방울 흘러내려

가슴속에 스며들고
텅 빈 마음속을
그리움으로 채운다

바람 같은 마음
붙잡아 두지 못하고

하나에서
둘이 되어 버린 지금

바람에 날리는 연이 되어
그대 마음 머무는 곳으로
떠나 가련다

바람아 불어라

그리움은

슬픈 사랑이 되어

눈가에 넘쳐흐른다.

나에게 쓰는 편지

세상이 뜻대로
잘 되지 않는다고
슬퍼하거나
노여워 하지 마

아무리 속이 끓어도
해와 달은
변함없이 뜨고지고
표정 없는 세상은
무심히 흘러가고 있어

삶은
너 자신으로부터
시작되기 때문에
너의 마음을 바꿔 봐

너의 생각속에
세상도 담겨 있기에

생각에 따라
세상도 달라지고

자신 속에서
행복을 찾는다면
그때부터
세상은 변화의 바람이
불게 될 거야

낙엽비

굵은 빗방울들이
인생의 추억들을
씻어 내려는 듯
떨어지고 있네요

가슴에 부딪치는
젖은 그리움이
방향 없이 흐릅니다

사계절은
바람개비 날개에 얹혀
빙글 돌아오지만

돌아오지 않는
인생의 사계절은
낙엽과 같은 운명

예견된 이별이

가깝게 다가올수록
추억들은
앙상한 나뭇가지에
초라하게 매달리고

추적추적
낙엽비 내리는 날
젊은 날에 그리움이
머무는 빈 의자에
쓸쓸히 내려 앉습니다

그리움의 밤

그대 생각으로
잠 못 이루는 밤

마음 구석진 곳에서
애잔한 바람이 불어온다

그리움 몰고와
메마른 가슴에 빗방울로
뿌리려나 보다

시들어 가던 그대 모습
싱긋하게 피어오르고

밤의 요정이 된 그댄
날이 새도록
내 마음 흔들어 놓는다

눈물 없는 꽃

한 계절 화사하게
마음껏
아름다움 뽐내고

달콤한 향기로
벌과 나비 유혹하여
신명나게 놀던 꽃은

시들어 떨어질 때
눈물을
흘리지 않는다

아쉬움과
여한이 남지 않는
생이기에

바람의 날개를 달고
유유히
흩어져 사라져 간다

봄날

냉혹하고 차가운 계절도
새싹들의 향연
피어오르며 다가오는
봄날 막지 못하리라

세상이 얼어붙고
온기마저 빼앗긴
매서운 칼바람에
가슴이 찢어져도

꽃바람 불어오면
가슴에 억눌려 있는
슬픔도
고통도
서러움도
모두 녹아 파릇파릇한
희망의 싹을 틔우겠지

아이야!
이제 조금만 더 견디면
시련의 겨울은 가고
꽃피고 나비 날아다니는
봄날이 곧 올 것이란다

영혼의 쉼터

석양 노을은
소리 없이 다가오는
어두움 속으로
사라져 가고

철새들도
쉼터를 찾아 떠나는
부산한 날갯짓에

반겨주는 이 없는
애달프고 공허한세상
멀리 벗어나서

몸뚱아리 뉘일
작은 공간과
따뜻한 차 한 잔
마실 수 있는

영혼의 쉼터를 찾아
서둘러 가야겠다

어두움은
어리석고 초라한
모습을 감춰줘서
마음을
편안하게 감싸주고

조각배 같은 달은
나의 꿈을 싣고
하늘을
둥둥 떠다니는 밤

울다가 웃다가
웃다가 울다가
희노애락 속에서
잠들어 간다

무한불성

빛보다 빠른 생각
자유롭게 시공을 넘나들며
달콤한 망상을 즐기면
상념 속 무형의 허상

삶의 희망을 꿈꾸는 육체
바위처럼 무거워 주저앉아
노력하지 않으면
현실 속 유형의 허상

달콤한 생각과
게으른 몸은
영혼을 망각의 틀 안에
가둬버리고

끊임없이 흘러내린
노력의 땀방울이
나를 찾아가는 물 줄기

이 생을 살아가면서
땀 흘려 노력해서
자아를 찾아 귀천하는 날
보람을 가지고 떠나가야지

긍정적인 삶

삶이 즐겁다고 생각하면
콧노래 흥얼거리고
웃음이 절로 나오며
발걸음도 가벼워진다

삶이 고달프다고 생각하면
한숨 소리 커가고
인상 찡그려 주름이 생기며
발걸음도 무거워진다

똑 같이 주어진 환경에서
생각의 차이에 따라
기쁨이 될 수 있고
고달픔이 될 수 있으니

기왕이면
즐거운 삶이 되도록
밝고 긍정적으로 살자
몸도 생각에 따라

표현하고 반응하기에
건강한 삶을 위해서라도
즐겁게 웃으면서 살자

일상에서 탈출

쏟아지는
정보의 홍수에
휩쓸리다
나를 잃어가고 있다

하나를 더 알면
기쁨보다는 근심 걱정이
더 커져가는
멀미나는 세상

우리가 아니라
너와 나만이 존재하는
발광하는 세태에

삶의 여유와
평온함을 갉아먹고
이성을 병들게 하는
덫에서 벗어나려면

봇짐 하나 등에 메고
무위자연으로 돌아가
흐르는 물처럼 살자

거울 속 바보

마음이 서글퍼
거울을 보며
히죽히죽 웃어본다

거울 속에서도
웬 바보가
따라서 웃고 있다

서로 닮은 듯
서로 낯선 듯
둘은 하나가 되고
하나는 둘이 된다

그래 고뇌의 세상
근심걱정 없는
바보처럼 즐겁게
웃고 사는 거야

찔레꽃

바람결에
그윽한 향기를 풍겨
님 불러보는
기약 없는 기다림

하얀 꽃잎들
강물에 그리움 실어
띄워 보내는
멈추지 않는 서러움

이별의 아픔에
감싸 안고 눈물 흘리던
해후의 약속은
한 맺힌 꽃으로 피어나고

꽃 향기 머물던 자리에
사무친 그리움
가시가 되어 돋아나네

시평

햇살이 피워 낸 꽃길

이훈식(서정문학 발행인 · 시인)

먼저 양정훈 시인의 첫 번째 시집을 출간하게 됨을 축하드린다. 첫 시집을 갖는다는 것은 그간 시를 써 오면서 시어로 표출된 사유와의 첫 만남이기에 설렘과 기쁨이 함께하는 벅찬 가슴이고 한 번도 이 세상에 내보이지 않았던 작가 자신과의 솔직한 만남이기도 하다. 살아오면서 혼자 간직하고 혼자 겪어야만 했던 일상의 일들을 숙성시키고 다듬으면서 그리움과 사랑. 만남과 이별 그리고 아직도 내재화 시키지 못한 생의 매듭들을 한 올 한 올 시어로 풀어내고자 했던 작업이 민낯으로 세상과 만나는 시간이다. 작가의 품을 떠난 작품은 이미 독자의 몫이기에 작가의 작품이 독자들로 하여금 어떤 평가를 받느냐가 큰 관심사로 떠오르기도 하지만 첫 시집은 작품의 완성도보다 앞으로 그 가능성을 높이 두고 읽어야 할 부분이기에 여유로운 시선과 따스한 가슴이 필요하다. 양정훈 시인의 시는 억지로 꾸미지 아니하고 덧칠하지 않은 순수함이 장점이다. 깊은 사유 끝에서 얻어진 시어들이 풋풋하고 아주 투명한 색깔을 띠고 있다.

삶의 숭고함은
끈질긴 목숨 하나로
모든 걸 견뎌내는 것

바람 불지 않는 세상 없듯이
눈물 없는 고개 없듯이

어금니 깨물고
하늘만 바라보는
믿음 하나

–「희망」이라는 시 중에서

오시는 모습 보일까
담장 너머 저 멀리 초록 숲길
하염없이 바라봅니다.

그리움이 커 갈수록
피멍들은 꽃잎들은
눈물처럼 뚝뚝뚝 떨어집니다.

—「능소화」라는 시 중에서

문학은 상상력의 소산이라는 말이 있다 문자 언어를 도구로 삼아 오직 작가 자신만이 느꼈던 감성과 정서를 낯설음의 언어로 풀어내는 작업이 바로 시의 창조 작업이다. 그런 면에서 보면 양정훈 시인은 아주 소박한 언어로 자신이 경험해야만 했던 일들을 여린 시선으로 객관화시켜 놓고 있다.「사랑의 시간」「너」「찻집의 추억」「별꽃」「백일홍」「쪽빛 달개비」등에서 보여주는 시어들은 담백하고 가슴 저 밑바닥에 숨겨져 있던 그 숨결이 얼마나 때 묻지 않은 마음인가 알 수 있는 작품들이다. 속 깊은 애정을 가지지 않으면 결코 걸러낼 수 없는 심성이 맑은 햇살처럼 눈에 고인다.

어느 방향에서도
멋진 당신입니다

앞에서
옆에서

뒤에서

어느 방향에서도
미운 당신입니다

–「관점」이라는 시 중에서

채울 수 없는
밑 빠진 독

채워지지 않는
계영배

–「마음」이라는 시 중에서

죽어야만 벗어날 수 있는
질곡의 아픔
이 가난한 영혼은
오늘도 두 손 높이 들고
무릎을 꿇습니다.

–「고뇌」라는 시 중에서

시는 "순간적인 건축물이다."라고 하이데거는 말했다. 시인이 어떤 소재와 충돌했을 때 그 순간적인 느낌을 오직 자기만의 독특한 시각과 감성으로 그 소재의 가치와 의미를 시어로 끄집어내는 작업은 결코 쉬운 일이 아니다. 그래서 시는 머리로 쓰는 게 아니고 가슴으로 쓴다고 하는 것이다.「삶의 수레바퀴」「긍정과 부정」「소망」「가슴앓이」 등의 시들이 같은 시선 같은 사유로 아픔과 애증을 절절한 가슴으로 그려내고 있음을 본다. 소재가 주는 이미지를 그저 표피적인 사유로 그려내는 것이 아니라 그 소재가 주는 본질을 깔고 앉아 묵상 끝에서 얻어진 물음과 그 답을 진솔한 마음으로 노래하고 있다. 시의 최대 가치는 끝없는 연민 끝에서 얻어진 관조의 언어를 하나로 묶어내는 일이다. 양정훈 시인은 시를 쓴다는 것이 자신을 들여다보는 자아성찰이요, 꺼져가는 생명들에게 숨을 불어넣고자 하는 또 다른 길임을 알고 있다.

모든 것을
비워야 한다는

마음조차도
욕심이라고 한다.

내가 살다 가야 하는
그 길
흔적도 없을 인생

바다 가운데
나를 버리고 왔다

―「삶의 여정」이라는 시 중에서

오욕칠정의
바다로 둘러싸인
우뚝 솟은 섬 하나

그 섬에는
한 줌 햇살이 되고픈

외로운
나그네가 살고 있다

–「섬」이라는 시 중에서

시는 어떤 소재나 삶의 가치가 주는 인식을 그저 보고 느낀 그대로 쓰는 단순 작업이 아니다. 살아오면서 부딪치고 상처받아야 했던 애증을 삶의 경험과 시적 경험으로 승화시킬 수 있을 때 날선 칼날 같은 예리한 시어들을 만들어 낼 수가 있는 것이다. 「자아상」「당신과 나」「허상」「가을 앓이」「찔레꽃」 등의 시에서도 보면 힘겹게 살아온 삶의 굴레 속에서 당찬 자아를 잃지 않고 끊임없이 생존의 의미와 그 맑은 정체성을 찾아내려는 구도의 모습이 아주 절실하게 보인다. 박범신 작가의 말처럼 생의 결핍이 가져다주는 그 목마름마저 자기화시키며 애환과 굴곡의 언어를 통해 무엇이 진정 삶의 길인가를 스스로 묻고 있음을 본다.

양정훈 시인의 시는 첫째 가식이 없이 솔직하다. 그것이 흠과 장점이 될 수도 있지만 자기 자신을 적나라하게 내놓는 그 외로움과 그리움을 숨기지 않는 심성이 가슴을 적신다. 은유와 함축이라는 시의 특성을 더욱 갈고 닦아야 할 부분이 있기도 하지만 지금처럼 시의 의식의 폭과 깊이를 더해간다면 구도 끝에서 얻어지는 깨달음처럼 세상 밖으로 향한 시어들이 지금보다 더욱 풍성해지리라 믿는다.

붙잡고 매달리는
목숨마저
헌 옷 버리듯
버릴 수 있을 때

희로애락
질곡진 삶의
무상함 속에서

달관에

깨달음을 얻은 뒤
비로소 찾는
인생의 여유

－「자유」라는 시 중에서

조각배 같은 달은
나의 꿈을 싣고
하늘을
둥둥 떠다니는 밤

울다가 웃다가
웃다가 울다가
희로애락 속에서
잠들어 간다.

－「영혼의 쉼터」라는 시 중에서

시 창조 작업은 외로운 작업이면서도 무에서 유를 창조하는 작업이기에 산고産苦라는 말로 비유하기도 한다. 그만큼 뼈를 깎는 고통의 시간이 필요하다. 작가 자신이 인식한 대상을 소재로 삼아 주관적인 사유를 한 번쯤 객관화시켜 보려는 작업이기에 신성하기까지 하다. 시를 잘 쓰는 왕도는 따로 없다. 많이 읽고 많이 쓰고 많이 사유해 보며 낯설음이라는 언어의 세계를 찾아가는 끝없는 길이다. 어떤 시인의 작품을 평가한다는 것은 두려운 일이기도 하다. 바라보는 시각과 인식의 차이 그리고 살아온 경험과 그 눈높이가 다를 수밖에 없음을 먼저 받아들여야만 그나마 가능하다. 「공수래 공수거」「나에게 쓰는 편지」「무한불성」「거울 속 바보」「일상에서의 탈출」 등의 시에서도 보면 양정훈 시인은 먼저 자기 자신을 향해 응어리지고 매듭 지어진 애증과 갈등을 되돌아보며 철저한 자기고백 속에서 숨김없이 벌거벗는 자아를 우리에게 보이고 있다. 어쩌면 시를 통해 자신을 해부해 보고 시를 통해 시적 대상의 의미를 재창조해 보려는 정서가 시어마다 가득하다. 이제 문단에 첫 시집을 선보인다. 이젠 대상의 외연보다는 대상의 본질을 육화시켜 시어의 마디마디마다 살아 있는 생명의 싹이 움트는 역사가 있기를 기대해 본다. 앞으로 더욱 정진하시어 침전된 사유로 정제된 시어를 가지고 많은 사람에게 시향 가득한 시인이 되길 염원해 본다. 다시 한 번 첫 시집 발간을 축하드리며 문운이 함께하소서.

2017년 1월 용인에서